पहली बार

(कविता-संग्रह)

पहली बार

सन्तोष कुमार चतुर्वेदी

वाणी प्रकाशन ग्रुप

भारतीय ज्ञानपीठ

वाणी प्रकाशन : भारतीय ज्ञानपीठ की पुस्तकों के एकमात्र प्रकाशक एवं वितरक

सजिल्द पहला संस्करण : 2009
सजिल्द दूसरा संस्करण : 2024

लोकोदय ग्रन्थमाला : ग्रन्थांक 985

प्रकाशक
वाणी प्रकाशन ग्रुप
4695, 21-ए, दरियागंज, नयी दिल्ली-110 002
फ़ोन : 011-23273167, 23275710
ईमेल : sales@vaniprakashan.in

ISBN : 978-93-5775-813-0

पहली बार
(कविता संग्रह)
सन्तोष कुमार चतुर्वेदी

PAHALI BAAR
(Poetry Collection)
by Santosh Kumar Chaturvedi

मुद्रक : आर. टेक ऑफ़सेट प्रिंटर्स, दिल्ली-110 032
आवरण-चित्र : वाज़दा ख़ान

Price : INR. 295

आदरणीय कहानीकार मार्कण्डेय जी के लिए

अनुक्रम

चित्र में दुख

प्रतियोगिता में अव्वल चुना गया वह चित्र
जिसमें एक बूढ़ा माथे पर हाथ टिकाये
भारी हड्डियों के साथ बैठा था चुक्का-मुक्का
बहुत ख़ुश था चित्रकार अपनी उपलब्धि पर
वह बता रहा था लोगों को चित्र की ख़ूबियाँ
बता रहा था
कितनी बारीकी से दिखाया जा सकता है चित्र को
तूलिका के जरिये
आकर्षक लग रहा था दुख चित्र में
बिक रहा था घर को सजाने के लिए

वह बूढ़ा आया एक कवि की कल्पना में
आहिस्ते से वह शब्दों के जरिये उतरा
मर्मस्पर्शी बनी कविता
बूढ़े के दुख से लोगों को याद आये अपने दुख
वे भूलते गये बूढ़े को
कविता ने प्रशंसा बटोरी बहुत
कवि मशहूर हो गया जनता में
उदास का उदास ही रहा बूढ़ा

एक निर्देशक ने तुरत-फुरत फ़िल्म बनायी बूढ़े पर
यहाँ भी बूढ़े की हालत बनी रही दयनीय
फ़िल्म ख़ूब चली और काफ़ी पैसा बटोरा

बूढ़े का स्वांग रचने वाले अभिनेता-निर्देशक ने
माथे पर हाथ रखे बूढ़ा फिर भी
बैठा रहा अपनी उत्ताल उदासी में

इस बूढ़े को देखकर कभी गहरे सोच में
पड़ गये थे गौतम
उन्होंने काफ़ी सोचा दुख
और दुख के कारण के बारे में
घर-बार छोड़ कर वे बन गये बुद्ध
बाद में प्रतिष्ठित हो गये अवतारों में
बूढ़ा बचा रहा इस दुनिया में
अपनी उदासी समेत
माथे पर हाथ रखे

और न जाने कितने संस्करणों में आया वह बूढ़ा
अपने दुख और उदासी के साथ बैठा हुआ
अनुवादहीन
बूढ़े में था बिखरा संसार
और संसार में बैठा हुआ बूढ़ा
उदास का उदास
अपनी उदासी और दुख से जूझता हुआ बूढ़ा
जलती हुई लौ में दिख रहा है साफ़-साफ़
माथे पर रखे हुए हाथ।

प्रेम की बात

बात ही बात में उसने बताया
प्रेम आज की कोई नयी खोज नहीं
एक पुरानी डोर है
जो ज़रूरत के साथ
नयी बन जाती है
हर ज़माने में

फिर आप क्यों उदास हैं
प्रेम के बावजूद
मेरे पूछने पर बताया
प्रेम के अलावा भी हैं बहुत-सी चीज़ें
और इस भंडार में प्रेम
बस एक मामूली-सा सामान
बनकर रह जाता है

अपनी राम कहानी सुनाते हुए वह बोला
मैं कभी ख़ुद अपने से करता था प्रेम
चाहता था बनूँ दुनिया का बेहतरीन इनसान
हो ऐसा संकल्प कि
घूरती नज़रों को नीचा कर सकूँ
पर सोचा कहाँ हो पाता है भला
मुझे बताया गया कि
आदमी वही जो आदमी के लिए मरे
धीरे-धीरे मैं मरने लगा

मैं बहुत प्रेम करता था पिता से
एक बार वे बहुत तेज़ बीमार पड़े
और धीरे-धीरे गुमसुम होते गये
मेरा अपार प्रेम
उन्हें रोक न सका जुदा होने से

आज मैं प्रेम करता हूँ माँ से
हर पल निरखने वाला प्रेम
लेकिन क्या बताऊँ यह चक्कर कुछ ऐसा है
कि अपनी माटी से ही
तोड़कर रख देता है
और साल में एक बार भी मिल लूँ तो बहुत है
शब्द बन जाता है
बाक़ी दिनों में यह प्रेम

ऐसे ही अपने कितने मित्रों से किया प्रेम
एक हो जाने की हद तक
लेकिन ज़िम्मेदारियों के नाम पर
वे ऋतुओं जैसे छोड़ते गये साथ
एक-एक कर
और छूटता गया पीछे... ...
सबसे पीछे प्रेम

सरसों के फूलों जैसा ताज़ा प्रेम
और प्रेम की गरमाहट
सर्द हवाओं और पृथ्वी की परिक्रमाओं के साथ
बचाये हुए है दुनियावी बुनियाद
पछुआ की तपिश भी
नहीं सोख पायी है
वातावरण की नमी।

आँसू

साथ रहते हैं
किसी के न पूछने वाले दिनों में भी
हाथ में हाथ लिये रहते हैं
ढलान पर चलने वाले क्षणों में भी
बेजोड़ दोस्त हैं इसलिए
ढुलक ही आते हैं पास
पृथ्वी की नदियों
खारे समुद्रों से
निचोड़ कर आकाशगंगा

वक़्त के किसी भी कोने
किसी भी ताखे पर
शिद्दत से
कुछ कह रहे होते हैं
ज़िन्दगी के सियाह पन्ने पर
गालों से फुसफुसाकर
हो रही है कुछ
राज़ की बात
कहीं कोई सुन न ले...।

बातें ऐसे जोड़ती हैं

पड़ोसी के घर की अलार्म घड़ी की आवाज़ से
सुबह-सुबह जागते हैं हम
उसकी रसोई की छौंक से
उमड़ आती है हमारी भूख

हमारे आँगन की लौकी की लता की कुछ बेलें
फल-फूल रही हैं पड़ोसी की छत पर
निर्द्वन्द्व भाव से
पड़ोसी के घर बजने वाले संगीत पर
थाप दे रहा है हमारा घर
बिना किसी हिचक के

पड़ोसी के दरवाज़े पर लगे बल्ब से
रोशन होता है हमारे घर का बाहरी हिस्सा
लाख रोकने के बाद भी
पहुँच ही जाता है हमारे घर
पड़ोसी के घर का क़िस्सा

अभी-अभी पड़ोसी का कूलर बन्द हुआ
ऐसा लगा जैसे बन्द हो गया हो
हमारे घर का सब कुछ

अक्सर मिल नहीं पाते हम
न ही हो पाती है कोई बात
लेकिन दोनों के लिए होती है
एक ही जैसी अँधेरी रात

इतनी सारी बातें ऐसे जोड़ती हैं
एक दूजे को
जैसे सूरज से जुड़ी है पृथ्वी
तमाम दूरियों के बावजूद।

सच्चाई

एक चादर की तरह है सच्चाई
सोया जा सकता है निश्चिन्त
जिसे कहीं भी बिछाकर
रखा जा सकता है
चपोत कर कहीं भी सुविधानुसार

बिम्ब है सच्चाई
जिसे इस्तेमाल करते हैं लेखक कभी-कभार
अपनी कहानियों में चमक लाने के लिए
कोस भर दूर रखते हैं कविताओं से कवि
सिलवट आ जाने के भय से
धराऊ कपड़े की तरह पहन लेते हैं लोग
रिश्तेदारियों में जाते समय

पुराना पड़ गया है सच्चाई का मॉडल
खटाई की तरह
जिससे किसी सभ्यता के लोग
चमकाते थे अपने बर्तनों को

इतने दिनों बाद भी
हवाओं से होकर
साँसों में आने तक का
नयापन है सच्चाई

सच बोलना अब बिल्कुल मना है
जो बोलेगा वह ठिठुरेगा
सड़क के किनारे पागलों की तरह
लोग चिढ़ाएँगे उसे
फेकेंगे पत्थर।

गुजरात–2002

ख़ून का बदला ख़ून
यह नाम है उस नाटक का
जो खेला जाने वाला था
अबकी बार होने वाले पूजा महोत्सव पर

लोगों को एक-दूसरे से जोड़ने का
साथ ही उन लोगों का
जो हाड़-तोड़ मेहनत में जुटे रहते हैं रात-दिन
उस आधी आबादी का भी
जो घरों में रह जाती है क़ैद
बिना कुछ कहे-सुने सालों-साल
इन सभी के मनोरंजन के वास्ते
किया जाता है यह आयोजन
ऐसा दावा है आयोजकों का

बड़ी सफ़ाई से खेला जा रहा था नाटक
आयोजक सूत्रधार की भूमिका में
आलाप रहा है प्रसंग
लोग पात्र बनकर घूम रहे हैं खुलेआम
एक-दूसरे का ख़ून करते हुए
सारांश में बताया जा रहा है इसे
क्रिया-प्रतिक्रिया का नियम

ऐसा लग रह है आयोजकों को
सफल हो रहा है उनका आयोजन
आज़माइश की जा सकती है इसकी
दूसरे भी नाटकों में
नियम, नाटक और हक़ीक़त में
वे इतना घालमेल कर देना चाहते हैं
कि समझ न पाये
कोई कुछ भी

अब आयोजक लोगों से बात करते हैं
अपने सुनहले अतीत की
और उन्हें उसी दौर में
पहुँचाना चाहते हैं
जब लोग नंगे रहते थे
नहीं जानते थे कोई नियम-कानून
सबसे ज़्यादा भरोसा करते थे धर्म पर
राजा के दैवी अधिकारों पर
यक़ीन करते थे आँख मूँदकर
इलाज बिना चल बसते थे कम उमर में
मर जाते थे अक्सर भूखे प्यासे
रह जाते थे अनजान अक्षरों और
अक्षरों की महिमा से

तब एक राजा
और उसकी हज़ार रानियाँ होती थीं
होते थे मनचले राजकुमार
तमाम सेवक और कुछ चाटुकार
सब मानते थे उनके सामने
अपनी हार

एक कवि बड़ी सीधी भाषा में
अपील कर रहा है लोगों से
नाटक के बहिष्कार की
अतीत में न लौट कर
अतीत से सबक लेने की
कवि के इस लहज़े से
बहुत परेशान थे आयोजक

तमाम ताम-झाम के साथ
आयोजक समझा रहे थे लोगों को
ध्यान न देना कवि की बातों पर
फिर भी सुन रहे हैं कुछ लोग
ध्यान से कवि की बातें
और हिला रहे हैं अपने सिर सहमति में
कि वे भी परेशान हैं
हू-ब-हू कवि जैसे ही

जारी है एक सतत विरोध
हार न मानने वाला।

खेल

अनेक टुकड़ों से जुड़कर
बनता था एक पूरा ईश्वर
टुकड़ों के एक तरफ़ अंक थे
एक-दो-तीन-चार...
दूसरी तरफ़ ईश्वर
बैठा हुआ अपने पूरे वैभव के साथ

जब कभी इधर से उधर होता
कोई एक अंक
गड़बड़ हो जाती
ईश्वर की पूरी संरचना

ताज्जुब नहीं
हक़ीक़त था यह
कि जब क्रमवार जुड़ जाते थे सारे अंक
तैयार हो जाता था
ख़ुद-ब-ख़ुद
ईश्वर का ढाँचा
और उसका वैभव।

पहली बार

बारिश में भीग रहे हैं सब
बूँद-समुद्र
बादल-पानी
धरती-आकाश
कविता-कहानी
पहली बार किसी अनहोनी से बचने के लिए
किसी साये तले खड़ा था मैं

पहली बार लगा ऐसा
सबकी नज़र में हूँ आजकल
और मेरी नज़र में बस एक

नज़र टहल रही है
प्रकृति के मुक्त आँगन में
एक नज़र उतर रही है धीरे-धीरे
मेरे सपने में
अन्तर्मन तक

एक नज़र की तलाश
गली-कूचों
सड़कों-पगडंडियों
ओस की बूँद
रेगिस्तान की रेत

स्कूल की बेंच
किताब की पंक्तियों
और न जाने कितनी आँखों में
कितनी बार

प्रचलित अर्थों से इतर है माहौल
छिपा रहा हूँ जिसे अपशकुनों से
किसी एकान्त में
इन्तज़ार करता हूँ
किसी एक का

पहली बार लिखे किसी ने कुछ शब्द
छोड़ी सम्बोधन की जगह शरारतन
अपनी कसमों में लिपटी
दी कुछ हिदायतें

पहली बार अक्षर लगे इतने दीप्त
दरवाज़े की दस्तक लगी
जानी-पहचानी
रीति-नीति लगी निहायत बकवास
बाहरी नज़रें लगी
घूरती हुई
एक पत्र को बचाना पड़ा
दुनिया की तमाम सत्ताओं से
लोगों की नज़रों से

किसी तूफ़ान ने छोड़ी एक टीस
पहली बार
प्यारी लगी
नस-नस में भरी

कहीं दूर खोई हुई नींद
किसी वायदे के मुताबिक
आकाश में घुलता गया धुआँ
सितारों की मंडली समेत
टहल रहा था चाँद जहाँ
बिहसता हुआ

पहली बार
भूला अदब
अनसुना किया रोज़नामचे को
बहुत तेज़ लगी भूख
एक चेहरा बार-बार लगा तरोताज़ा

पहली बार
याद आयी किसी की शिद्दत से
बेचैन हुआ
किसी के लिए
कई ज़िन्दगी तक

पहली बार
देर से वापस लौटने के बारे में
बहाने बनाये घर से
एक उन्मुक्त उड़ान के लिए बचाये
सँवारे अपने पंख

पहली बार
जान-पहचान का एक चेहरा
गूढ़ रहस्यों के बावजूद
लगा बहुत क़रीब
फिर देखा

एक दूजे का प्रतिबिम्ब बनते

ऐसे ही होता है सब
दुनिया में पहली बार
अव्यवस्थित
व्यवस्थित रूप से

अकेला प्रेम
कितना बदल देता है
दुनिया को।

पूरा होने का अधूरापन

तब फाँका रहती थी जेब
फिर भी चलती रहती थी दुनिया
अधिक आसानी
थोड़ी पेरशानी से
अन्तरिक्ष में उड़ान भरती रहती थी चिड़िया
थपेड़ों को भी पल भर में
पार कर जाती थीं कश्तियाँ

अब महीने के जितने दिन
उतने हज़ार की तनख़्वाह वाली नौकरी
तमाम लटके-झटके
ढेर सारा रूआब
एक छोटे इलाक़े में ही सही
ढेर सारी प्रतिष्ठा और ईमानदारी का तमगा
इन सबके बाद भी पाता हूँ ख़ुद को
कम आसान
ज़्यादा परेशान

बादलों-सा उमड़-घुमड़कर आता-जाता रहता हूँ
जीवन के पोरों पर अब-जब
सदा बरसता रहता हूँ
फिर भी अपने मानचित्र पर हैं

सूखी-सूखी तमाम जगहें
उलझी-उलझी-सी फसलें
सूखे कंठों की हज़ार वजहें

माँ-पिता भाई-बहन
बीवी-बच्चे मित्र-शत्रु
पड़ोसी-रिश्तेदार हवा-पानी
धरती-आसमान की
अथाह अपेक्षाओं पर
नहीं उतर पाता खरा

शायद अब जान पाया हूँ
भरे-पूरे होने का अधूरापन
जैसे यही वाजिब मायने है
इस शब्द का।

हमारा चुनाव

बहुत होशियार थे वे बचपन में
किसी तरह मनवा लेते थे अपनी बात
दूसरों को सुनने की कभी आदत नहीं डाली
फिर अपनी बातों में
उन्होंने चुनिन्दा गालियों का प्रयोग शुरू किया

जीवन की पहली चोरी
पिता की जेब से की
पाठशाला जाने पर इस विधा में
हासिल की महारत
धीरे-धीरे खोजकर झगड़ा करना
उनका शग़ल बन गया

चौदह-पद्रह की उमर तक
अच्छी जानकारी हो चुकी थी उन्हें
बन्दूकों की अति उन्नत क़िस्मों
प्रभावी बमों के बारे में
इसी समय किया सटीक निशाना लगाने का अभ्यास
बालिग होते ही क़त्ल की एक वारदात की
शुरुआत की जेल यात्रा की
फिर कितनी बार जेल गये वे
उन्हें भी ठीक से पता नहीं

कॉलेज आकर छात्र हित में
शुरू की उन्होंने तोड़-फोड़
धरना-प्रदर्शन, हड़तालें
भिड़े गुरुजनों से ज़माने की नब्ज़ थाम कर
अपने पहले ही चुनाव में
रिकॉर्ड मतों से जीते सदारत

जीवन के अगले चरण में
पैठ बनायी ठेकेदारी और दलाली में
अफ़सरों को पटाने की तरक़ीब ईज़ाद की
फिर बेहिसाब कमाई की उन दिनों में
आगे शुरू की वसूली, ज़ोर-जबरदस्ती, फिरौती
क़ायम किया इस तरह उन्होंने
पूरे इलाक़े में अपना आतंक

धीरे-धीरे शुरू की चाटुकारी
जिले-जवार में आने वाले छोटे-बड़े नेताओं की
तब कुछ दलों ने प्रयोग के तौर पर इस देश में
राजनीति और धर्म का घालमेल आरम्भ किया था
चुनाव लड़ाने से पहले देखते थे दल
प्रत्याशी की जाति-धरम
खरचने की आदत
क्षेत्र में रोब-दाब
बूथ लूटने की ताक़त
चाहने पर दंगा करवा सकने
और यथासमय रुकवा सकने का महारत

एक-एक कर पेश किये उन्होंने
तमाम दलों के सामने
काबिल नेता होने के अपने सारे प्रमाण
एक बड़े दल के हाईकमान को

उस इलाक़े में नज़र नहीं आया
उनसे कोई बेहतर
पहली बार ही चुनाव जीतकर
अपने को सच साबित किया उन्होंने
अब वे हमारे इलाक़े के विधायक
और सूबे के काबीना मन्त्री हैं

तो ये मूलभूत विशेषताएँ हैं
हमारे ज़माने के नेता और लोकतन्त्र की
जो इन प्रतिमानों पर खरा उतरता है
उसे ही हम चुनते हैं अपना नेता
अब चाहें हम जो भी प्रलाप करें
सच तो यह है
कि उनका कोई भी कुसूर नहीं था इसमें।

अपील

लगातार सात बार से चुनाव जीतकर
बनते रहे हैं विधायक अपने नेताजी
अबकी बार पूरी हुई है उनकी साध
सूबे का मन्त्री बनने की

हमारे गाँव के प्रधान
निर्विरोध चुने जाते रहे हैं एक अरसे से
नेताजी के पिताजी
न जाने कब से क्षेत्र की प्रमुख हैं
नेताजी की माताजी
कम उमर के बावजूद नेताजी का बड़ा लड़का
चुना गया है जिला परिषद का अध्यक्ष
छोटे बेटे के नाम हैं कई शहरों में
बड़े-बड़े होटल, पेट्रोल पम्प, गैस एजेंसियाँ

पिछले चुनाव में क्षेत्र के सांसद चुने गये हैं
नेताजी के बड़े भाई
नेताजी के सारे दामाद
सूबे के निगमों की सदारत कर रहे हैं

बाक़ी बचे पदों पर आसीन हैं
नेताजी के क़रीबी रिश्तेदार

और जो भी कुछ है
उस पर कब्ज़ा है चाटुकारों का

इस तरह घर-परिवार
रिश्तेदार-चाटुकार सहित
नेताजी कर रहे हैं सेवा जनता की
सेवा पर अपना जन्मजात अधिकार
समझते हैं नेताजी

हमने आजकल एक अपील डाली है
अपने जनता होने की।

तेवर

चारों तरफ़ ठंड है हाड़ कँपाने वाली
सब दुबके हैं अपने-अपने अन्दर
ठंड से लड़ता हुआ ताप
जहाँ-तहाँ जल-बुझ रहा है
सूनी सड़क के किनारे
खुले आसमान की अँधेरी रात में
किस लापरवाही से
खिला हुआ है बारामासे का फूल

भागमभाग का समय है यह
सब सिमट रहे हैं अपनी-अपनी दूरियों में
कोई भी नहीं हतप्रभ
फिर भी कहीं किसी का इन्तज़ार है
न जाने किसकी प्रतीक्षा में अनवरत
उत्साहित है बारामासा

पता नहीं कैसा खेल है यह कितना पुराना
लोग प्यासे हैं किस प्यास से
जबकि दर्द का मर्म
पता है सबको
सूनी हैं सड़कें
सूना है शहर

आतंक तरह-तरह के वेश धर हर जगह
खड़ा हो जाता है धूमधाम से
किसी भी वक़्त
कितनी निडरता से मुस्करा रहा है
अकेले ही बारामासा

आज एक उदास शाम है
धरती पर बहुत ग़म हैं
आसमान की आँखें नम हैं
आज रात कितने घरों में ख़ामोश रहे चूल्हे
त्योहार बिना किसी आहट के
चला गया दूर
चुप हैं गीत
चुप हैं चित्र
सो गया है दीया चादर ओढ़कर
अपने अगाध विश्वास पर इतराता
सिर उठाए खड़ा है बारामासा

तुम्हें भी तो शीत लगती होगी
उबलती धूप उतनी ही परेशान करती होगी
जितनी देश-दुनिया सबको
अकेले में घर-परिवार सब याद आते होंगे
दुख के क्षणों में तुम भी तो उदास होते होगे
ख़ुशी में बिखेरते होगे मुस्कराहट
नाराज़गी में दिखाते होगे चौधराहट
तुम भी तो पैदा होते और मर जाते हो एक दिन
किसी दुनियादार की तरह

फिर कैसे हासिल की तुमने यह महारत
हँसी के अन्दर ही रोने की
जगने के बीच ही सोने की

जीने के आवरण में मरने की
ख़ाली होने पर भी भरने की
बोलने के दौरान ख़ामोशी की
विहँसने के साथ उदासी की

तमाम झंझावातों में तुम
किस तरह रहते हो अविचल

किस अनुशासन ने ढाला है तुम्हें इस तेवर में
या फिर कोई ज़िद है यह तुम्हारी
धरती की सारी
प्रताड़नाओं के ख़िलाफ़।

छोटी-सी जगह

एक छोटी-सी जगह में
रहा करते हैं बड़े-बड़े लोग

छोटी-सी जगह के पास से
होकर बहती है एक विख्यात नदी
आस-पास फैली हैं
आदिम ज़माने की पहाड़ियाँ
छोटी-सी जगह से
होकर जाते हैं बड़े-बड़े रास्ते

छोटी-सी जगह पर
कोई रमणीक स्थल नहीं
कोई गुफा नहीं
कल-कारख़ाना नहीं
इतिहास के नाम पर
कुछ बुज़ुर्ग यह बताया करते हैं
यहीं से होकर गये थे मर्यादा पुरुषोत्तम
वन की राह पर
और सत्तावन के ग़दर में
लूटा गया था यहाँ का थाना
जला दी गयी थी तहसील

छोटी-सी जगह पर
कहाँ-कहाँ से आते हैं परदेसी
नौकरी के चक्कर में
तानते हैं अपना शामियाना
बिताते हैं अपनी सुबह अपनी शाम

घर वाले एक परदेशी को दे देते हैं अपना घर
महिलाएँ बना और परोस जाती हैं भोजन
धोबी धुल देते हैं कपड़े
किसान देते हैं अनाज, घी, दूध
सूरज देता है अपनी धूप
नदी परोस देती है पानी
पेड़ सौंप देता है फल

एक आदमी में
सिमट आती है छोटी-सी जगह
अपने सारे उजाड़
और अपने पूरे जीवन सहित

बड़े लोगों के खड़े होने में
कहीं-न-कहीं शामिल है
छोटी-सी यह जगह।

चींटियाँ

चींटियों के लिए
नहीं होता कोई रास्ता
दीवारों, पेड़ों, चट्टानों
रेत के टीलों, मिट्टी के ढूहों
मील के पत्थर
या ऐसे ही और दुर्गम-सुगम जगहों पर
चलती चली जाती हैं वे बदस्तूर
बिना थके

आमादा हैं चींटियाँ
मंज़िल की सरहद तक पहुँचने को

जहाँ जाती हैं वे
ख़ुद-ब-ख़ुद बनता चला जाता है
रास्ता

बौनी नज़र आने लगती है मंज़िल एक दिन
चींटियों के पैरों तले।

रास्ते

पता नहीं कब सोते हैं रास्ते
कब जगते हैं
कब कराहते हैं
कब थकते हैं
हमेशा मंज़िल की ओर
अँगुली दिखाते हैं रास्ते

सैनिकों की तरह सीमा पर तैनात हैं रास्ते
दो देशों के बीच राह बनाते हैं रास्ते
बारिश में भीगते
और अकाल में तड़पते हैं भूख से
रास्ते नहीं चाहते
कोई बोले उनकी जयकार

रास्तों का अपना दिन नहीं
रातें भी सुनसान नहीं
बह रही एक धारा अनवरत
कहीं कुछ सुन समझ रहे हैं रास्ते

आवाजाही के बीच गुनगुनाते हैं
कराहटों को अपनी आहट में छुपा
रास्ता बनाते हैं रास्ते
रास्तों से कहीं-न-कहीं मिलते हैं रास्ते

अपनी कोई फ़िक्र नहीं
दूसरों की चाहत बन जाते हैं
कभी चैत-बैशाख तो कभी
सावन-भादो बन जाते हैं

दुनिया के सुनसान द्वीपों में
चलने पर मिल जाते हैं रास्ते
दुनिया का नया मानचित्र खींचते हुए।

अयोध्या–2003

जैसे–जैसे मन्थर गति से
सत्ता पर दख़ल बढ़ा पाखंड का
वैसे–वैसे राजनीति की
धुरी बनती गयी अयोध्या
कभी रही होगी राम की राजधानी
आज बची है
जनपद से भी छोटे प्रारूप में
बहुतों ने नहीं देखा जिसे अब तक

ग़नीमत है इतनी दूर हैं हम कि
हमारे घर–बार
हमारे स्कूल
हमारे कारोबार
हमारे रोज़गार
किसी भी राह में
अड़चन नहीं बनी अयोध्या
फिर भी कहीं–न–कहीं
घायल करती रही मन को
चुभती रही नश्तर–सी

अभी–अभी गुज़रे हम उस पथ से
जिसके किनारे बसी है यह नगरी
अलग–अलग लोगों का जिसपर
अपना–अपना मज़बूत दावा था

हमने सोचा–आओ देखें इसको
कैसी धुरी है यह जो
चुभती रहती है हर दिन
भारत माता के रोम–रोम में
धरती–अम्बर में
रोज़ फैलती ख़तरों के व्योम में

तभी रोका हमें
हमारे बगलगीर ने
जिसको देखकर लगता था
वाकिफ़ है यह इसकी नस–नस से
जिसके जीवन में बह चुका है
उतना ही पानी
जितना सरयू में
इस पानी का वैसा कोई रंग न था
अपना जिसका निराला ही ढंग था

आगे वह बोला
जैसे अब तक निर्ममता से
इतने लोगों का ख़ून बहाया
नचा रहा जो उँगलियों पर
अपने ढंग से कठपुतली–सा
मत जाओ उस ठाँव
मत रखो वहाँ अपने पाँव

अब तक जो अपनी मर्जी ही जागा–सोया
अब तक जो जीवन में अपने कभी नहीं गाया–रोया
क्या देख सकोगे उसको तुम
क्या पा लोगे उसको सुन

अभी तक प्रचलन था यह
नव वस्त्रों को ज़रूरत पर

अँवास लेते थे हम
अब बदल गया सब
महामहिम लोग
उसी पुरानी अयोध्या को
खोज-खोज कर अपने शुभ-मुहूर्त में
रोज़ अँवासते रहते हैं इस उम्मीद में
इसे पहन शायद तक़दीर सँवर जाए
इसको पाकर शायद जीवन सँभल जाए

यह बेबाक राय थी अयोध्या के उस राम के बारे में
जो ख़याल रखते थे
क़दम-क़दम पर मर्यादा का
लेकिन अब हर जगह उद्दंडता पसर रही है
लोगों को अब वही अयोध्या
बुरी तरह से अखर रही है

हम न उतरे उस ज़मीन पर
जिस पर बहुत नाज़ था कभी राम को
हमारे लिए अयोध्या
सफ़र के बीच सड़क पर आहिस्ते से
गुज़र जाने वाली एक नगरी थी
जिसे कुछ लोग प्रणाम करते थे श्रद्धावश
जहाँ कुछ करते थे ऐतिहासिकता की तलाश
जहाँ आने पर कुछ लगाने लगते थे भड़कीले नारे
जहाँ कुछ अयोध्या आने के पहले ही
हो जाते थे चौकन्ने
और कामना करते थे अपने सकुशल सफ़र की

बहरहाल यह रोज़ फैलती हुई ख़बर थी
अयोध्या मन में समा जाने वाला डर था।

रोटी की धरती

ज़्यादा पानी डाल देने पर
हो जाता है लपसी जैसा
पानी कम पड़ जाने पर
उसे साना नहीं जा सकता

माड़ना भी ज़रूरी होता है
एक सन्तुलन के साथ
हथेलियों के स्नेहिल स्पर्श से
गढ़ी जाती है तब लोई

चौकी-बेलन के सुर-ताल
और परथन की संगत में
बेली जाती है धरती जैसी लोई

तवे का ताप
और ख़ास तरीक़े की उलट-पलट
साकार बनाती है
रोटी की दुनिया को

रोटी की धरती
धरती की रोटी
सधे हाथों और कई सन्तुलनों के साम्य से ही
ले पाती है आकार।

बिल्कुल नयी

जिस वक़्त अक्षरों की खोज हुई
वे बिल्कुल ताज़े थे
शब्दों की शक्ल में
जब वे ढले
उतने ही नये-नवेले थे
पहले कवि ने जब शब्दों को ढाला
कविता के साँचे में
रोटी जैसी ही
गरमाहट थी उसमें

एक के बाद एक
एक से बढ़कर एक कविताएँ
लेकिन हर बार बिल्कुल अलग
अपने वजूद की प्रसव वेदना के साथ
बिल्कुल नयी

कल्पना से उतरी जब
काग़ज़ की दुनिया में
पहली बार छपी किसी पत्रिका में
पढ़ा तमाम लोगों ने
पहली-पहली बार उसे

भूख का इतिहास बहुत पुराना है
मगर आज भी जब लगती है
बिल्कुल ताज़ा नज़र आती है

सबसे बाद में लिखी
उम्र भर के अनुभवों की चाशनी में पगी
उत्सुकता वश अभी-अभी ज़ेहन में आयी
बिल्कुल ताज़ी एक कविता
भविष्य की सम्भावनाओं से भरी हुई

काफ़ी लम्बे चौड़े इतिहास लेकिन
बिल्कुल नयी रोशनी में
नये तरीक़े से
बन रही है परछाई।

पता नहीं

रंगों के भूगोल में
डूबे थे कई रंग
काग़ज़ पर
दिख रहे थे
वे ख़ूबसूरत
लेकिन...

अता-पता नहीं था
तो केवल
उँगलियों का
ब्रश का
पानी का।

विज्ञापन की दुनिया में

अपने किरदार को निभाते हुए
तरह-तरह के भेष में
अपनी मायूसी और किल्लतों को
करीने से तोप-ढँककर
मुस्कराहटें बिखेरते हुए आओ

न्यूयॉर्क से टोकियो तक के सारे फ़ैशनों से लबरेज़ होकर
जहाँ तक मुमकिन हो कम कपड़े में
कैमरे के सामने
अख़बारों के रंगीन पन्नों पर
लोगों को रिझाने वाले अन्दाज़ में
आओ

अपनी तकलीफ़ों को
सीमित रखना है घर की देहरी तक तुम्हें
अपनी भूख-प्यास और समस्याओं को
तुम्हें चुपके से इस तरह पी लेना है
कि कोई आवाज़ न हो
झुर्रियों और घावों को
छुपा लेना है
पाउडर-क्रीम तले

विज्ञापन की दुनिया में
प्रचार करते समय सिर्फ़ फ़ायदों को बताना है
दुनिया को पछाड़ने के क़ायदों को बताना है
बताना है तुम्हारी छरहरी, कमनीय देह
और सुन्दरता का राज़
बस उसी में छुपा है

समुद्र के मौन में
लहरों के चढ़ाव को दिखाना है
अँधेरे का कोई भी क़तरा
नहीं आने देना है
विज्ञापन की दुनिया में तुम्हें
विज्ञापन की तरह ही
आना है
जाना है।

विडम्बना है यह

अगर पच्चीस की उमर में मैं पचास का दिखता हूँ
तो यक़ीन मानिए
यह आपकी दृष्टि का दोष नहीं
हमारी व्यवस्था की ख़ामी है

अपने समय की जानी-अनजानी व्याधियों के साथ
सारे अधिकारों के बावजूद
अगर मैं दाख़िल नहीं हो पाता हूँ किसी अस्पताल में
तो यह ख़तरे की घंटी है
व्यवस्था के लिए

तमाम ज़रूरी सनदों के बावजूद भी
अगर छानता फिर रहा हूँ रास्ते की खाक
तो यह क़ाबिलियत की कमी नहीं
बल्कि मेरे साथ खुला षड्यन्त्र है

इसे भीड़ भरा समय
अफरा-तफरी का ज़माना
या फिर ग्लोबलाइजेशन जैसा कोई चमकीला नाम
भले ही दे दिया जाए
इससे आम आदमी की अहमियत
थोड़ी भी ख़त्म नहीं होती

नहीं हैं अगर आपके हाथ लम्बे
किसी आका का नहीं है वरदहस्त
जोड़-तोड़ में हैं फिसड्डी
ख़ाली हैं आपकी जेबें
तो सच मानिए
आप भी इस लम्बी कतार में
शिद्दत के इन्तज़ार के बाद
पहले नम्बर पर पहुँचने के उपरान्त भी
बाहर हो सकते हैं

विडम्बना है यह
फिर भी लक्ष्य की तलाश में
नियमानुसार
बार-बार होता हूँ पंक्तिबद्ध
कई बार पीछे किए जाने के बावजूद।

ज़मीन में सेंध लगाकर

रोगी जैसे दिखते हैं वे
बावजूद इसके
बड़ी जीवन्त होती हैं उनकी बातें
सीखने लायक़

हर रोज़ चक्की से पिसकर आते हैं वे
नहीं लगाई जाती उन पर कोई अटकलें
परेशानियों को आँखों के
पीछे की तिजोरी में रखकर
गर्मजोशी से हाथ मिलाते हैं वे

एक-एक कर मरते हैं
समस्याएँ छोड़कर
फिर उग आती है
कुकुरमुत्ते की अगली खेप

ज़रूरत नहीं पड़ती उन्हें खाद की
गुड़ाई की भी नहीं
फिर भी खड़े होते हैं वे
बाक़ायदा छाता तानकर

ज़मीन में सेंध लगाकर
उग ही आते हैं वे
खेप के खेप।

दूरियाँ

ज़रूरी हैं शब्दों के बीच की दूरियाँ
उनका वाजिब अर्थ बचाए रखने के लिए
ज़रूरी है सूरज और पृथ्वी के बीच की दूरी
जीवन-संसार को बनाए रखने के लिए

एक साँस से दूसरी साँस के बीच का समय
दिल की धड़कनों के बीच का अन्तराल
एक क़दम से दूसरे क़दम के बीच की दूरी
ज़रूरी है चलते रहने के लिए

अँगुलियों के बीच की दूरी
किसी भी पकड़ को सहज-सम्भव बनाती है
अँगुलियों के बीच की दूरी
किसी भी राह पर चल पाना मुमकिन बनाती है

ठीक से देख पाने के लिए
ज़रूरी है आँखों से वस्तु के बीच की दूरी
पहचान देती है रस्सी की दुनिया को
अलग-अलग रेशों के बीच की दूरी

दूरियों में बची रहती हैं स्मृतियाँ
दूरियों में बचे रहते हैं सम्बन्ध

दूरियाँ भर देती हैं गहरे ज़ख़्मों को
ग़ज़ब की क्षमता होती है इनमें जुड़ने की

कुछ फ़ासले बचाए रखते हैं
हमारे रिश्तों की लचक को
कुछ दूरियाँ और संजीदा बना देती हैं
प्यार को।

उम्मीदें

पताकाओं की तरह
अनिश्चित उनकी राहें
अवलम्बित
हवा के रहमो-करम पर।

आबो-हवा न होने पर भी
उग आते हैं जो
बेहया के पौधों-से।

चैत्र के खेतों में
गिरी पड़ी गेहूँ की बालियों की तरह
दूसरों की टोकरी का
उनका भविष्य।

सत्ता की अदला-बदली से परे
फटेहाल इच्छाओं से अभिशप्त
दकियानूसी परम्पराओं में अस्त-व्यस्त
रोज़मर्रा की बातें
शून्य में विलीन होता
उनका आर्त्तनाद

अपना पाने की तलाश में जंगल की तरफ़ उन्मुख
किसी हताश पथिक के मन की उहापोह

सिला जाता रहा है उनके मुख को
जिन सुइयों से
भोथरा गयी हैं अन्ततः

पैंतरा बदलता मौसम

लाज़िमी है अब
जहालतों से दो-दो हाथ करने
हाथों को मुट्ठी बनाने
और उसे उठाने का।

घासों का आँधियों में न उड़ना

उम्मीदें हैं
अभी भी बहुत कुछ
अपने ज़माने से।

माचिस

जीवन के ढेर सारे सन्देहों के बीच
अपने अस्तित्व को बचाये
मेज की दराज में
चुप पड़ी है माचिस
रिश्तों के सन्दर्भों को बदलते हुए

अंगार को काट-छाँटकर
आकाश को सजाया है
अनगिनत दीपकों से
अपनी खुरदुरी सतह पर समेट रखा है
दावानल-बड़वानल को
बड़ी तहज़ीब से

अपनी दुनिया में छुपा रखे हैं इसने
हवा और पानी
जीवन की अनगिनत कहानी
सबके लिए पेट पर भोजन
समेट रखा है अपने मानचित्र में
अथाह महासागर
कल्पनातीत महाद्वीप

दिन भर के थके-माँदे मज़दूर
आग में

धरती, चाँद और सूरज को सेंक कर
कर रहे हैं उन्हें तरोताज़ा
कल के लिए

गोलाई में घेर कर
ताप रहे हैं कौड़ा
माचिस तरह-तरह की
कथा-कहावतों
और अफ़वाहों में आकर
लोगों को दे रही है
असीम ताप

हल चलाते किसान अपनी
धोती के एक छोर से खोल कर
चमकाते हैं दिन के जुगनू
लुहार अपनी थापी में
तेज़ कर रहा है
सम्बन्धों की धार

माँ चूल्हा सुलगा कर
सारी दुनिया को कर रही है एकमेव
बच्चे एक-एक तीली जलाकर
कौतूहल में देख रहे हैं
लौ का अलौकिक सौन्दर्य
बेहद अकेली बुढ़िया
रोशन कर रही है
ठीक औरों की तरह ही
अपना घर

इस बीच पहुँच गयी माचिस
चुपचाप आँवे तक

उसने मिट्टी को दिया रूप
बर्तनों को दिया रंग
पकाया ज़रूरत भर का अनाज
और बनायी रोटी

सुबह होते ही
लालटेन से वह पहुँच गयी क्षितिज पर
चमकने लगी आसमान में सूरज बन
उतर आयी बारिश
और हरियाली के जश्न में
फिर दिखी
शरणार्थियों की उम्मीद भरी नज़रों में

सबकी जुदा-जुदा ज़िम्मेदारियों
और ज़रूरतों में
अनवरत शामिल है माचिस
रंग गन्ध और रोटी की तरह।

बरगद

दादा ने बहुत पहले बताया था हमें
कि बचपन में उनके दादा
बताया करते थे उन्हें अक्सर
कि इस बरगद को
देखा था उन्होंने ठीक वैसा ही
जैसा आजकल है हमारे सामने

बड़े ग़ज़ब का पेड़ होता है यह बरगद
दादी ने सुनाया था अपने गीत में
प्रलय की बेला में भी जगाए रखता है
अपनी अलख अकेले-अकेले
अँगूठा चूसते ईश्वर को भी
तब मिलती है ठाँव इसी बरगद के पत्ते पर
बुद्ध ने किसी ज़माने में बाँटा अपना ज्योति-पुंज
इसी की छाया तले
कश्यप मुनि के इस बोधि-वृक्ष को
आज भी देखा जा सकता है लहलहाते
भरहुत के स्तूप पर

अपनी झुर्रियों और बिखरी हुई जटाओं में
समय को उलझा रखा था कहीं
अजीब से उत्साह लेकिन गम्भीरता से
बढ़ाता था वह अपने पाँव

अपनी उम्र के रेशे से सुलझते हुए
बात अलग थी यह
कि हमें, हमारे साथ के लोगों
और रघुबर प्रसाद को
नहीं दिख पाता था
बरगद का बढ़ना

बरगद की छाँह में
पक्षियों की नयी-नयी उड़ान थी
मधुमक्खियों के शहद का मिठास था
निश्छल उछल-कूद थी गिलहरियों की
बन्दरों का चीख-परिहास था

साथ ही थी वहाँ
टहनियों से उलटा लटकी हुई
चमगादड़ों की निश्चिन्तता
रोज़ी-रोज़गार के लिए निकली
तरह-तरह की चींटियों की एकता

दूर तक बिखरा हुआ
नीला आसमान था
जड़-जमाए बैठे बरगद के पास
अपनी उर्वर धरती थी
उसके पास थी ढँकी हुई आग
आपदा वाले दिनों के लिए

अनगिनत राहगीरों ने देखा
उसकी छाँह में अपने घर-बार को
चरवाहों ने ली सुकून की साँस
अपने मवेशियों समेत
आश्रम बना धूनी रमाये जोगियों का

किसी दौर में
भंडारे में आये लोगों की
खट्टी-मीठी डकारों का गवाह रहा यह

सूरज को उगते और डूबते
डूबते और उगते
देखा बार-बार
अँजोरिया रातें देखीं
साथ ही देखी अँधरिया हज़ार
गहरी नींद से जगते देखा
एक दौर में अपने वतन को
हँसते-हँसते फन्दे पर चढ़ते देखा
आज़ादी के मस्तानों को

पूजा करने आयी स्त्रियाँ
परिक्रमा कर माँगती थीं बरगद से
अक्षय अहिवात
भरी-पूरी गोद
जीवन के घटाटोप राग

मदारी दिखाता था यहीं अपना जादू
नट दिखाते थे हैरतअंगेज़ करतब
सपेरा नचाता था यहीं साँपों को
अपनी बीन की आवाज़ पर
यहीं तमाशे वाला बन्दर
पत्नी से रूठकर
कहीं और जाने का
अन्दाज़ पेश करता था

बचपन में ख़रीदे सबने
यहाँ बैठे तुरहों से जामुन-आम

पास-पड़ोस के तरह-तरह के आयोजनों का
रहा यही पक्का स्थान
आल्हा, बिरहा, चैती, कजरी, भजन, सोहर
नौटंकी और वीडियो फ़िल्मों जैसे
देखे इसने ज़माने के कई सीन

जेठ की दुपहरी में
जुट जाती थीं चारपाइयाँ
पूरे मुहल्ले की
लोगों की तरह-तरह की बातों
ताश की गड्डियों
दाना-अचार की सुवास से
नींद तक के सफ़र में
बिना थके झलता रहता था पंखा अविराम
जैसे घर आया हो कोई मेहमान
बाँहें फैलाये रहता था खड़ा
अँकवार में भरने को उद्यत

फागुन के रंग भरे दिनों में
थिरक उठता था बरगद
जैसे चढ़ आयी हो भाँग की मस्ती
सावन की फुहारों में

भरता था जीवन के रंग भरसक
पूस की ठंड में साध लेता था मौन
जैसे लीन हो किसी तपस्या में

लाल-लाल मूँगे जैसे गुच्छेदार फलों में
सिमट जाता था पूरा ब्रह्मांड
फैल जाती थी पत्तों-पत्तों पर
नये-नवेले टूसों पर आभा

लगता था जैसे जुगनू भूल गये हों
अपने पंख बन्द करना

एक दिन कहीं से आये रघुबर प्रसाद
ख़रीदी वह ज़मीन जिसमें खड़ा था बरगद
कुछ नहीं बोला वह
न बेचने वाले से
न रघुबर प्रसाद से
खड़ा-खड़ा देखता-सुनता रहा अपना मोल भाव

धीरे-धीरे अपने ताम-झाम
फैलाने शुरू किये रघुबर प्रसाद ने
बनवायी पास ही एक आलीशान हवेली
और दौड़ायी चहारदीवारी
घुटन महसूस की पहली बार बरगद ने
अपनी जड़ों से
जतलाया उसने अपना प्रतिरोध
धीरे-धीरे कम होने लगी
जीवन की हलचल
आगे से ढँक लेता है बरगद
उनकी हवेली की सारी भव्यता को
पड़ोसी ने बताया एक दिन
बौना-सा दिखता है
उनका सारा उपागम

शुभ नहीं होता
घर के पश्चिम में बरगद
जाने-माने एक वास्तुशास्त्री ने
बताया रघुबर प्रसाद को

बूढ़ा हो चुका बरगद
कभी भी ढहा सकता है हवेली को
उनके मित्र ने चेताया उन्हें एक दिन

पत्नी ने अपने बुरे सपनों को सुनाया
बेटों को भी आपत्ति थी
ज़माने के पुराने रंग-ढंग पर
नौकर की भी शिक़ायत थी
हर वक़्त फैलाती रहती है गन्दगी
रघुबर प्रसाद ने ख़ुद
महसूस किया इन सारी बातों को

बरगद ने सुनी एक-एक कर
सबकी बातें
सबकी शिक़ायतें
फिर उसने बातें कीं
घोंसले की चिड़ियों से
छत्ता लगायी मधुमक्खियों से
आसमान, धरती, हवा और आग से
राहगीरों, जोगियों, भंडारे के लोगों, तुरहों से
हमसे, कई दोस्तों से
यहाँ बजी धुनों से, तानों से
मिट्टी से, खाद से
और ज़माने की आवाज़ से
पर सभी दिखे असहाय
बने रहे मूकदर्शक

फिर कई दिनों तक राज रहा कुल्हाड़ियों का
घूमा कई अंगों पर आरा
अन्ततः मामला हुआ वारा-न्यारा
भीषण चीत्कार के साथ

बीत गया एक ज़माना
यह उस सभ्यता का अवसान था
जिसे क़ैद नहीं किया किसी फ़िल्मकार ने
अपने कैमरे में
दर्ज़ नहीं हुआ कोई भी मुक़दमा
इस ख़ूनी वारदात पर
चुप्पी साध ली दुनिया की सारी अदालतों ने

एक साथ तबाह हुए कई घर
ख़ामोश हो गयीं तमाम ज़ुबानें
इस जानलेवा पराजय के बावजूद
बैठे रहे हम सभी
अपने-अपने कोटरों में

इस विकसित तन्त्र में
नहीं खोजा जा सकता है वह उपाय
जिसमें एक भरे-पूरे जीवन को
रोपा जा सके साबूत
भर दी जाए पत्तों में
टहाटह हरियाली
टाँक दी जाए उस पर सुबह की ओस

बहरहाल अब वहाँ रघुबर प्रसाद की हवेली
और उनके ताम-झाम के सिवाय
कुछ भी नहीं था
न बरगद, न बरगद की बोली-बानी
न बरगद की आवभगत
न पत्तों से छनकर आती धूप
न मिट्टी को कोई रोकने वाला
न कोलाज का कोई गीत
न कोई पूजा न ध्यान

न कोई रीति न नीति

बस अब वहाँ कतार में लगे थे गमले
और दूर कोने में रखे
एक गमले की क़ैद में
सहमा-सहमा-सा खड़ा था
बरगद का बोनसाई।

अकेले कहीं नहीं

पिता की
अकेली कोई तस्वीर नहीं
जिसमें सिर्फ़ वही हों

एक सुनसान-सी जगह में रहते थे पिता
जहाँ जुगाड़ने होते थे दिन और रात
मेरे और मेरे भाई-बहनों के लिए
चूल्हे सुलगाती माँ के लिए

हमने कभी नहीं पूछा
कहाँ से आते हैं सवाल
कैसे दिये जाते हैं जवाब
पिता से लम्बे दिनों के बाद मिलने की ख़ुशी में
भूल जाते थे हम
कहीं कुछ होता है अकेला भी

आज चुहानी में नहीं हैं तो सिर्फ़ पिता
पिछले दो-तीन सालों में नहीं आये किसी भी दिन
जिसमें झोला खोलकर निकालें
जो कुछ ख़रीदा था हमारे लिए

सूरज की तरह जलते अकेले नहीं थे पिता

बहुत क़रीब बहुत दूर
घर पर होते थे पिता

अजीब-सी उलझन है
कि इतने सालों बाद भी
अकेले कहीं नहीं
किसी में हमारे साथ खिलखिलाते
किसी में माँ से बतियाते
किसी में दोस्तों से हाथ मिलाते
अकेली ऐसी कोई तस्वीर नहीं
जिस पर चढ़ा सकें
हम फूल-मालाएँ।

सारी ख़ूबियों के बावजूद

देश–दुनिया की तस्वीर
काफ़ी बदल चुकी है इसकी बदौलत
पल भर में बेहिसाब गणनाएँ करना
इसके बाएँ हाथ का खेल है
सोचने की कोई ज़हमत नहीं
बल्कि पर्दे पर जल्दी से
जवाब बताने की
हड़बड़ी में रहता है
यह हरदम

बचपन में दुनिया का नक्शा देखकर
जितना छोटा समझे थे हम
ठीक उतना ही छोटा बना दिया है
दुनिया को इसने
हज़ारों–हज़ार मील दूर से
सेकेंडों में आ जाती हैं चिट्ठियाँ
पलक–झपकते ही होती हैं
पूरी दुनिया की ख़बरें
पुस्तकालय की दराज में
धूल की चादर ओढ़े
किताब के अक्षरों को
धड़ल्ले से कर देता है उजागर

सामान लाने के लिए
अब बाज़ार जाने की ज़रूरत नहीं
कविता लिखने के लिए
काग़ज़ और कलम का तरीक़ा
बहुत पुराना पड़ चुका है
भविष्य जानने के लिए
किसी ज्योतिषी का दरवाज़ा
खटखटाने की ज़रूरत नहीं
मौसम की नब्ज़ पर
रखता है पारखी नज़र
और भी इस तरह की
तमाम समस्याओं और
हज़ार रोगों की
अचूक दवा है यह

फिर भी जैसा कि अक्सर होता है
रह ही जाती है
कुछ-न-कुछ चूक
धराशायी हो जाते हैं अन्तरिक्ष यान
अपनी अकूत सम्भावनाओं समेत
परीक्षाओं में फेल करार दिये जाते हैं
दिन-रात खटने वाले लड़के
यान्त्रिक गड़बड़ी के नाम पर
बड़ी सफाई से बच जाता है कम्प्यूटर

ख़त्म होती जा रही है धीरे-धीरे
डाकिये की चिरपरिचित आवाज़
काग़ज़ पर अक्षर-अक्षर उतरने वाला
कवि का आत्मीय रिश्ता
तब्दील होता जा रहा है
किसी ढेर में

इन्हीं परिदृश्यों के बीच में
अचानक गुल हो जाती है बिजली
या कोई पुर्जा पड़ जाता है ढीला
या चलने लगती है सौर-आँधी
एक वायरस कम्प्यूटर का
खुफिया तन्त्र भेद कर
बना देता है
कम्प्यूटर को असहाय

इतनी तेज़ गणना करने वाला
यह मशीनी बक्सा
अपनी सारी ख़ूबियों के बावजूद वैसे भी
कितना मोहताज रहता है
आदमी की उँगलियों का।

परदा

परदे के बाहर
हस्बेमामूल है सब
घट रहा है
योजना के मुताबिक
हँसना और रोना कहानी की माँग पर
दर्शकों को उकताने से रोकने के लिए
बीच-बीच में कुछ नृत्य-संगीत

परदे के पीछे झाड़े-पोंछे और चमकाए जा रहे हैं चेहरे
दुहराए जा रहे हैं संवाद
अभ्यास चल रहा है
हँसने और रोने का
पहनावे तय कर रहे हैं
पात्रों की पहचान
पीछे-पीछे हो रहे हैं
कर्म-कुकर्म

आगे और पीछे को बाँटता हुआ परदा
बँटा है ख़ुद भी
दृश्य बदल जाता है कुछ आगे
परदे के उठने
और गिरने के बीच

मंच है
परदा है
परदे के आगे पीछे पात्र हैं
और है पात्रों के अन्दर का सन्नाटा
वाद्ययन्त्रों के मधुर स्वरों में कहीं खोता हुआ

फ़िलहाल
परदे पर नहीं
लोगों की नज़र
पात्रों पर है।

रोशनी वाले मज़दूर

बड़े-बड़े, गोल-गोल, लम्बे काठों वाले ढाँचे में
रोशनी की अपनी कोई शक्ल नहीं
जितनी दूर तक पहुँचती हैं आँखें
वहाँ तक साथ हो लेती है रोशनी

इस उजाले में सबका सब जाहिर है
सिर पर रोशनी लिये
मज़दूरों को छोड़कर
धीमे क़दमों से बढ़ रही है
लाचार बेशक़्ल रोशनी
वह जाती है मज़दूरों के पैरों की ही दिशा में
मज़दूरों के कान्तिहीन चेहरों के पीछे
बढ़ता जा रहा है अँधेरा

रोज़ ही कहीं बिखेरनी हैं उन्हें उम्मीदें
वे रंगरोगन कर रहे हैं घरों की
एक नयी कहानी शुरू होने के पहले
एक घर बसाने की योजना में
जुटी है मजबूती से
उनकी कमज़ोर काया
ख़ुद अँधेरे में नहाकर
वे सिर पर ढो रहे हैं रोशनी

रोशनी के चलने का यह
अपना एक अलग तरीका है

बुझी-बुझी-सी हैं
रोशनी वाले मज़दूरों की शामें
उनकी बारातें
गूलर के फूल की तरह
सिर्फ़ कहने की बातें हैं
ये मज़दूर हैं सिर पर रोशनी रखने वाले
थकते नहीं
मिट्टी के बने मज़दूर
मिट्टी की तरह अपना अन्तिम अंश
झोंक देते हैं
पेड़ों की हरियाली में चुपचाप

रोशनी वाले मज़दूरों की बातें और हँसी-मजाक़
इनके नाच और गाने
सुरक्षित हैं पांडुलिपियों में
अपनी सफ़ाई में वे बस इतना ही कहते हैं
अब नहीं रहे खेलने खाने वाले दिन
हाथों और पैरों के बीच
एक जगह है ज़िन्दा न रहने देने वाली

रोशनी वाले मज़दूरों के
बच्चे सिर्फ़ मज़दूर हैं
उनकी स्त्रियाँ भी
मज़दूर से इतर कुछ नहीं
मज़दूरों का परिवार
जैसे मज़दूरों का एक कारख़ाना है

राहें इन्हें गिनती और पहाड़ा नहीं सिखातीं
राहें चालाक होने की छूट नहीं देतीं
राहें विद्रोह से बचना
और मज़दूर बनना सिखाती हैं

अब इन राहों पर
मज़दूरों की एक नयी पीढ़ी है
क़दम ताल करते हुए मज़दूर
अपने सिर पर बेशक़्ल रोशनी लिये
चले जा रहे हैं
सिर उठाये
नज़रें झुकाये

बिना शक़्ल का उजाला
भेद नहीं पाता है
उनका चेहरा।

बीतती हुई सदी

हमारे ज़माने में
बातें उल्टी की जाती हैं
जिन्हें सीधा समझना
समझने वाले के ऊपर
छोड़ दिया जाता है

बड़ी चीज़ों को रखने का
अपना तरीक़ा है इस ज़माने का
मसलन सौ बरस का पुराना बरगद
गमले में
गेंदे के पौधे के ही बराबर
या दुनिया भर की
बेहिसाब जानकारियाँ
बित्ते भर की फ्लापी में

इस ज़माने में भी अकाल है
बाढ़ है, भूकम्प है, ज्वार है
परमाणु बम है
इस सदी के पास
जिसके विस्फोट पर मुस्कराता है
ढाई हज़ार साल पहले का बुद्ध

हथियारों का
जितना बड़ा ज़खीरा है जिसके पास
उतना ही आगे बढ़कर
फहराता है वह
शान्ति का ध्वज

हवा में उड़ते धड़ हैं
न पहचाने जा सकने वाले चेहरे हैं
ख़ून सने सपनों का
लबालब भरा महासागर है
इस सदी के पास
निहारने के लिए

इस बीतती हुई शताब्दी के पास
याद करने के लिए बची है
अभी भी उदास रातें
बलात्कार से सनी लड़कियाँ
ठूँठ धरती पर
दुनिया का कूड़ा ढोते बच्चे
बढ़ते जा रहे हैं आगे

सदी सिर झुका कर
छुपा रही है मुँह
सोच रही है सदी
कितना आगे बढ़ी है
क्या जितना शुरू होने के
पहले वह थी
उजबुजाहट के निशान
दिख रहे हैं साफ़-साफ़।

नाजायज़

नाजायज़ था
इसलिए गिराया जा रहा था
बिना ख़ून के छींटे बहाये

गिराया जा रहा था
इसलिए सब ख़ामोश थे
अपने कल को सोचकर

ख़ामोश थे
इसलिए भहरा रहा था
एक-एक कर
सब अंग

भहरा रहा था
क्योंकि उसकी मिल्कियत में
कुछ गड़बड़ी थी
और अभिलेखों में
मुहर का चेहरा
मेल खा रहा था
नाजायज़ से

मुहर का चेहरा तराशने वाले
चन्द लोग

हवाओं का रुख़ भाँपकर
टाँकते थे शब्द
रुख़ भाँपकर मुर्दा हो जाते थे शब्द
जब घोषित होते थे नाजायज़
इसलिए सब कुछ
गिर रहा था
लगातार

यह बताना बहुत कठिन है कि
कौन जायज़ है
कौन नाजायज़
जो किसी पैराग्राफ में
उलझे होते थे
उन पर लगा दिया जाता था
एक निशान
चुपचाप

किसके माथे पर
कब ठोक दी जाएगी मुहर
नाजायज़ की
कोई ठीक नहीं
किसी भी वक़्त
जारी हो सकता है
कोई फ़तवा।

धरती का लिहाफ़

जल कर शान्त हो रही है चिता
बियाबान हो रहा है श्मशान
लौट रहे हैं पीछे परिजन
फिर
बिछी हुई न देह है
न बिस्तर

कुछ फूल मिल गये हैं गंगा से
विष को आवृत्त किये
फैला है कटोरे-सा
शिव का नीला कंठ
झर रहा है विलाप
धीरे-धीरे
रुदन
शोक
स्मृतियों से
एकान्त पथ पर
दुम दबाए जा रहे हैं
चबाये आहट

कुछ भी नहीं है अब
न चिता
न आग

न शव
न परिजन
और न विलाप

शब्दों के सुर बदलते हैं
क्या ऐसे ही
धीरे-धीरे
जैसे हम बोलना सीख जाते हैं
या धरती का लिहाफ़ ही
बच जाता है
महज़।

एक हम हैं आज भी

आओ...
तुम्हारे कन्धे पर रख दूँ अपना सिर
हाथों में दे दूँ अपना हाथ
फिर बढ़ चलें हम उस नये रास्ते पर
जो नहीं पड़ता
कभी पुराना

आओ...
सरहदों को मिटा डालें
'अपने' को भुलाकर
और आँसुओं को कर लें साझा
मजबूत नींव के लिए

आओ...
मिल जाएँ हम एक दूसरे से
अदहन और आग की तरह
लिखें एक नयी इबारत
लालिमा वाले कल के लिए

देखो...
कहाँ ख़त्म हो पाता है कुछ भी पूरी तरह
एक गिलगमेश था अरसा पहले

एक हम हैं आज भी
हवा में हाथों को लहराते हुए

देखो...
हमें पूरी करनी है वसीयत
अपने उन पुरखों की
जिन्होंने रचा अपना वितान
तमाम विरोधों के बावजूद

देखो...
ये जो सूखे दिनों की लीक है
कोई ठिकाना नहीं इसका
आएगी रिमझिम-सी बारिश
भिगोकर रख देगी सब कुछ।

धूप में पथरा जाने की परवाह किये बग़ैर
(पिताजी के लिए)

यक़ीन नहीं होता
आप जो कल तक थे साथ
आज हैं इतिहास
किताबों की तरह

आपके सपनों का संसार मैं
मेरे अरमानों की पीठ ठोंकते
आपके हाथ
गुम हो गये हवाओं में
न जाने कब देखते-देखते
मुक़र्रर वक़्त होगा ऐसा
ख़ाली-सा आसमान
अहसास कराते पतझड़ का

साठ की उमर में
ख़त्म नहीं हो जाता सब कुछ
जैसे अभावों में गुज़रती ज़िन्दगी का
तस्वीर बनकर
दीवार से लटक जाना
आँसुओं से कहना
आगे चलो निरन्तर
मैं तुम्हारे साथ हूँ

लगता नहीं
सच है सब कुछ
जलती हुई चिता
राखों को समेटती गंगा भी
नहीं सहमी
बेवक़्त आँसुओं पर
जैसे गाँठ पड़ चुकी है
सारे शरीर पर उसके
इतनी उमर के बाद भी जो
देख रही है
अपने बेटों को
परलोक यात्राओं में

कहाँ मिलेंगे अब
बाट जोहते आपके हाथ
कामयाबियों-नाकामयाबियों पर
आपका साथ
बातों में पुराने उद्‌गार
अमल करने की राह
और भी वह सब कुछ
जो बिन माँगे लुटाते थे
हम पर आप

न हो कर भी
मुख़्तसर नहीं हैं आप
माँ की सूनी आँखों से
हमारी दुनिया से
सारी स्मृतियों से
उन पेचीदा सवालों से
जिससे होकर रोज़ गुज़रता है चाँद
घटते-बढ़ते

दो

खिंचे रहे बिजली के तार की तरह
फटेहाल खम्भों के बीच
अपने होने की
तारीख़ से ही आप
अपने-अपने तार उलझा कर
अपने-अपने घरों को
जगमग करते रहे लोग
आपके चूकने
धूप में पथरा जाने की
परवाह किये बग़ैर

आपके न होने की उदासी में
वे उठाते हैं कुछ शब्द
अलापते हैं रटे-रटाये राग
मुझे सुनकर बहुत दुख हुआ
सँभालो अपने आप को
यही दुनिया का दस्तूर है

विधि का विधान है
और फिर चल देते हैं
चरवाहों की तरह
अपनी-अपनी गायों के पीछे
भागते
लड़खड़ाते

तीन

याद है उन्नीस सौ सत्तानबे
अप्रैल का महीना
पच्चीसवीं तिथि

अन्तिम बार का
साक्षात्कार

अब के मौसमों में
रही वह गन्ध बेमानी
ऊपर या फिर नीचे
कहाँ वह रंग आसमानी

गढ़ते हुए एक घर में
दिहाड़ी मज़दूर का
ठोकना-ठेठाना
ईंट-पत्थरों का
बिखरे चित्रों को सजाना
अजनबी से दिन में
बहुत खलता है
असमय ही
समय का चले जाना

चार
पिछले छब्बीस सालों की सुबह-शाम
जैसे आँगन-ओसारे और घर
उलझे हुए सब एक साथ
आँखों के सामने
छूटी जा रही है
जैसे मेरी गाड़ी
आख़िरी बार
और आँगन हो गया है
कुकुरलंघित

निष्फल मेरी सारी कोशिशें
माँ की अनगिनत मनौतियाँ

एकबारगी सब कुछ असम्भव
असम्भव कोई लीला
आकाश तक बिखरी
जड़ों की नसें
पड़ रही हैं ठंडी
आहिस्ता-आहिस्ता
स्थगित जीवन की घड़ी
जैसे भरे भादों में
नोचकर रख दी गयी हो
हरी-भरी फरहरी

तमाम आँखों के बीच
बुझ रही है लौ
धीमे स्वर में
बढ़ता जाता है मौन
अन्तत: रह जाता है
केवल
एक-दूसरे के
बीच का डर।

लेखा–जोखा

जब मैं अकेला होता हूँ
वे कहते हैं
किसी काम का नहीं

जब किसी काफ़िले के साथ होता हूँ
वे देखते हैं मेरी जगह
आगे से पहला, दूसरा...
या कभी पीछे अन्त में

एक मोड़ पर
थकान मिटाने
रुकता हूँ जब
काफ़िला बढ़ जाता है
हाथ झटक कर
मुझे चुपचाप छोड़कर

अकेले होने पर
लगाता हूँ हिसाब
काफ़िले से कितना आगे
या फिर कितना पीछे
खड़ा हूँ मैं।

जन्म दिन

मैं भूल गया हूँ अपना जन्म दिन
आप सहज ही पूछेंगे
यह भी कोई बात है भूलने वाली
लेकिन हक़ीक़त यही है
कि रोज़ की भागदौड़ में
एक बड़ी आबादी के साथ-साथ
मैं भी याद नहीं रख पाता हूँ
अपना जन्म दिन
वह बहुत चुपके से आता है
और चला जाता है
बड़ी तेज़ी से

रोज़ की यात्राओं
और फिसलन भरे इस समय में
एक बड़ी तादाद के लिए
ज़रूरी है...
बहुत ज़रूरी
कई और ज़रूरी बातें
बनिस्बत इसके कि
फ्रेम में सजाई जाए
अपने पुराने पड़ते जाने की तारीख़

कहाँ याद रख पाती है
कोई चिड़िया
कि कब पाँव धरे थे उसने
इस दुनिया में
बादल कहाँ गाते हैं वही राग
ठीक उसी जगह
जहाँ बरस भर पहले उसने
बरसाती बूँदों की मधुर धुनों में
भिगो दिया था बस्ती को
कहाँ आ पाता है कभी
ठीक एक क्षण पहले
बीता हुआ अपना समय

कूड़ा बीनने वाला बच्चा
अपना बचपन बीन कर
रख रहा है बोरे में
भारी हुआ जा रहा है गन्दगी के साथ
पीठ पर लदा बोरा

पेड़ झूम रहे हैं हमेशा की तरह
अपनी रौ में
फल आते हैं डालों पर अनियमित
कोई मुक़र्रर तारीख़ नहीं है
आम के बौर आने की
किसी कविता की दिलचस्पी
उसके रचे जाने की तारीख़ में नहीं है
इतिहास में ख़ाली छूट गयी तारीख़ों के बारे में
विवाद है विद्वानों में परस्पर
जारी है आज भी एक बहस

कितना प्रासंगिक रह पाता है समय
प्यार के सिलसिले के बीच
हमारा घर बना है ऐसी मिट्टी का
जिसमें बूढ़ी तारीख़ों के बारे में नहीं
आज के बारे में सोचा जाता है

हमारे सामने है
एक खुली सड़क
कुछ पन्ने हैं सादे
झोंके हैं ताज़ा हवा के।

धरती के भरोसे के लिए

जब सब अपने-अपने चाम के भीतर
खून, मांस और हड्डी हो रहे थे
कवि सुना रहे थे दूसरों को
अपनी कविताएँ

जब सब अपनी छतें बचाने के लिए
कर रहे हैं भाग दौड़
कवि लिख रहे हैं
आकाश तले कविताएँ

रास्ते जब हो गये हैं असुरक्षित
किसी सफ़र से
वापस लौट आना
बीज से अंकुर फूटने जैसा है
ऐसे समय में कवि की रचनाएँ
आ-जा रही हैं
सही ठिकानों पर
तोड़कर सीमाएँ

जब भरोसेमन्द नहीं रहे सम्बन्ध
कवि काग़ज़ के लिफ़ाफ़े पर
स्याही से अपना पता लिख कर
ज़्यादा विश्वास जतलाता है

एक-दूसरे से जूझ रहे हैं
जब सब
प्रतियोगी संसार में
कवि लिख रहे हैं
प्रेम कविताएँ
धरती के भरोसे के लिए।

डर

शुरू-शुरू में माँ के चाँटे से लगता था डर
और जब थोड़ा ढीठ हुआ
तो धोकरी वाले बाबा का नया डर आ धमका
रात की शैतानियाँ बन्द हो जातीं
पी जाता एक ही साँस में
गिलास भर दूध
बिना किसी आनाकानी के
लू वाले दिनों में चाहकर भी
बाहर निकलकर नहीं कर पाते थे धमाचौकड़ी
लकड़सुँघवा के डर से

पहले-पहल स्कूल जाने से भी बहुत डरा था
और जब शामिल हो गया यह मेरी दिनचर्या में
मास्साब का डर समाने लगा ज़ेहन में
फिर पास-फेल का डर सताता रहा
जीवन की हर कक्षा में

और जिस लड़की को चाहने लगा था कभी
अनजाने में ही हद से ज़्यादा
तमाम मंसूबे बाँधने के बावजूद उसे
नहीं थमा पाया कभी
रात-रात भर जग कर लिखा गया ख़त
न जाने किस डर से

डर पर हुए तमाम शोधों के बाद भी
अबूझ पहेली है यह
कि पहले-पहल डरा कौन-सा व्यक्ति
किस कारण से किस तरह

और अब जब मेरी समझदारी में
किसी को कोई सन्देह नहीं
आज भी कोई सफ़र करते हुए
मन के किसी कोने में छुपा होता है
कहीं-न-कहीं यह डर
कि शिकार न बन जाएँ ज़हरखुरानों के
कि छीन न ले कोई बदमाश मेरी घड़ी, मेरा मोबाइल
और जेब में पड़े सौ-पचास रुपये
अनजाने में कहीं गिर न जाए यात्रा का टिकट
कि कहीं कोई हादसा न हो जाए
मेरे, मेरे जानने वालों या मेरे न जानने वालों के साथ

सच कहूँ आपसे
तो आपको यक़ीनी तौर पर लगेगा
कि मुझसे बड़ा डरपोक नहीं कोई इस दुनिया में
लेकिन आज के ज़माने के
इन भूत-पिशाचों से, राक्षसों से
नज़र न आने वाले कीटाणुओं से
कहने कुछ और कुछ करने वाले लोगों से
मन में खोट रखने वालों से
देवताओं से महात्माओं से
अधिकारियों और नेताओं से
सब कुछ कुतरते हुए चूहों से
ख़ूँख़ार कुत्तों से
मच्छरों, खटमलों और दीमकों से

और भ्रष्टाचार के घुन से
लगता है बहुत डर

कभी-कभी सन्नाटे में हल्की-सी आहटों से
झींगुरों की झन-झन से
पत्तियों के खड़खड़ाने से भी
डर जाता हूँ मैं

अक्सर डर जाता हूँ अपने-आप से आजकल मैं
कि कहीं ऐसा न हो
कि मैं भी उसी तन्त्र का हिस्सा बन जाऊँ
जिससे लड़ने का जज़्बा जुटाता रहता हूँ अभी
हर पल हर छिन

हे प्रभु तुम कुछ ऐसा करो
कि मैं डरूँ ज़रूर
लेकिन डरने वाली चीज़ों से
डरने वाली बातों से
डरने वाले कामों से

दो
न जाने कितने तरह के अनुभव देता है डर

डर से उबरने के लिए
अनेक तरीक़े खोजते रहते हैं हर पल हम
निडर होते हुए भी अक्सर यह लगता है
कि डर ने ही दी हमें कई बेशकीमत चीज़ें
मसलन आग और हथियार
घर और दरवाज़े
घृणा और प्यार

सच्चाई का एक पहलू यह भी है
कि कई कामयाबियों के पीछे
कहीं-न-कहीं रही है डर की ही भूमिका
न जाने कितने कामों के होने में
परदे के पीछे रहा है यही डर

डर ने बनाया हमें आदमी
डर ने दिखायीं हमें राहें
हमारे होने में डर का उतना ही हाथ है
जितना प्रेम का
संघर्ष का।

समय

पुरानी पड़ती हुई रोज़
कुछ-न-कुछ नयी होती है दुनिया
बदलती रहती हैं तारीख़ें
समाने होते हैं नये दिन

रोज़ एक नया सूरज
रोज़ एक नयी रात
रोज़ एक नया सपना
रोज़ एक नयी बात
समय नहीं है
समय के पास रुकने का
कितना परेशान है वह
कितना बलवान

सब कुछ समय की सृष्टि
समय जो तय है आज
उसे बाँचने की सबकी
अलग-अलग दृष्टि

एक ही समय आदि और अन्त
एक ही समय बचपन और बुढ़ापा
एक ही समय घृणा और प्यार
आने के साथ ही जाना

दुनिया के गाने गाना
अनजान-पहचान
साथ-साथ चलता है
सब एक समय
कितना सहज
कितना सुगम

लिखना है सब कुछ
पोर-पोर में छिपा अँजोर
चाँदनी में गुम रातें घनघोर
चहुँओर बिखरी हुई
रिश्तों की डोर
लिखना है सब छूटा-फटका
नये अनुभव से होकर आना है
बार-बार

जैसे हर दम कोई नयी शुरुआत
जैसे रोज़ एक नया अभ्यास

लिखना है
लिखने वालों के लिए
कि लिखने के बाद भी लिखना है उन्हें
अभी बहुत कुछ
बिखरा हुआ-छूटा हुआ
चलता हुआ-रुका हुआ
अपना समय

कितना कम बचा समय
या फिर हम
अपने दिनों को जीते हुए भरपूर

कितना कम बचा समय
सोने से जगंने का
किसी से कुछ कहने का
कमाने और खाने का
जीवन बिताने का
झूठ-सच सब बताने का

आदमी ख़ुद एक जटिल समय है
जिसे परखने में हर दम
परेशान रहा समय।

मृत्यु

मृत्यु!
तुम स्मृतियों में फँसे मेरे निशानों को
परिवार-समाज-देश-दुनिया की सोहबत को
मिटा सकती हो क्या

मृत्यु!
मुझे हिलाती-डुलाती हवा
साये की तरह फैले आसमान के बारे में
क्या सोचना है तुम्हारा

मृत्यु!
इतना भी नहीं पता तुम्हें
कि लाल रंग ख़तरे की निशानी है
हर मौसम में अपनी छटा बिखेरने वाला
मौक़े पर बेहिचक
अपना मतलब बतलाने वाला
मेरी जगह उगने वाली हरियाली का
क्या करोगी
जिसकी छाँव तले
तुम्हें एक ओर रखकर
सुस्ता रही है दुनिया
तमाम ताम-झाम के बावजूद

किसी के मरने से नहीं रुकता
दुनिया का काम-धाम
किसी के मरने से नहीं मरता
उसका नाम
अकेला नहीं होता कोई हमेशा के लिए
एक डरावनी अनुभूति वाला शब्द हो तुम
फिर भी मेरी उन सिलवटों का क्या करोगी
जिन्हें छोड़ रखा है मैंने अपने पीछे

फ़क्र करो कि आज तुम्हारा मेज़बान हूँ
कोई ज़रूरत नहीं तुम्हें अब डरने की
कोई यक़ीन नहीं रखता मैं
बदले में।

बहुत परेशान हूँ यहाँ

बेवक़्त क्यों निकल रहा है सूरज
कई टुकड़ों में बँटकर
अपनी पूरी ऊर्जा के साथ
हवा को क्यों कर रहा है क्षतिग्रस्त

आग चूल्हे से बाहर निकलकर आजकल
रिहायशी इलाक़ों में
क्यों चहलक़दमी कर रही है
जबकि अब भी बहुत-सी रोटियाँ
इन्तज़ार कर रही हैं अपने सिंकने का

दिन-रात ये पक्षी क्यों भर रहे हैं उड़ानें
अपने खोते से बाहर निकल
रोज़ की चहचहाहट को छोड़
ये क्यों जुट पड़े हैं
फ़सलों को नेस्तनाबूद करने के लिए

हरे-भरे घर मौन हैं किस शोक में
शान्त हो गयी है दरवाज़ों की चरमराहट
किस फ़िक्र में
सुबह-शाम को स्वाद में
तब्दील कर देने वाले हाथ
गुम हो गये हैं किस गली में

गिनती सीखने की उम्र में ये बच्चे
क्यों चला रहे हैं बन्दूकें
महासागरों का सारा पानी
वजूद क्यों खोता जा रहा है
अपने खारेपन समेत

बेघर होकर
सड़कों और दिशाओं में क्यों खोते जा रहे हैं लोग
भूख क्यों नहीं लग रही
नींद का भी कुछ अता-पता नहीं

हमारी सीमा से बहुत दूर
बज रही है कहीं रणभेरी
और अपनी हथेलियों समेत
मैं बहुत परेशान हूँ यहाँ।

जो किसी काम के नहीं होते

जो धर्म के बारे में कुछ भी नहीं जानते
वे ही ज़ोर-शोर से धर्म का बिगुल बजाते हैं

नियम-क़ानून तोड़ने वाले लोग
सबसे ज़्यादा नियमों का हवाला देते हैं
काम-धाम पर यक़ीन न करने वाले
हमेशा अपनी क़िस्मत को कोसते हैं
बेकार लोग बताते हैं दूसरों को
कमाने-खाने के तमाम उपाय

कभी श्रम न करने वाले
पाँचसितारा होटलों में बैठकर
श्रमिकों की अन्तहीन समस्याओं के बारे में
विमर्श करते हैं

रिश्वतख़ोर अधिकारी
देश के पिछड़ेपन पर विलाप करते हैं
और देश को विकसित बनाने के
उपाय बताते हैं

फरेब करने वाले ईमानदारी की
और लापरवाह लोग ज़िम्मेदारी की
बातें ज़्यादा करते हैं

अच्छे लोग कुछ बोल नहीं पाते
निकल नहीं पाते घर से
ग़लत लोग सड़कों–मैदानों में जाकर
अधिकारपूर्वक भाषण देते हैं
और आस–पास मजमा जुटाते हैं

जो किसी काम के नहीं होते
वे देश की सरकार चलाते हैं।

झुको पर उतना ही

झुकना ज़रूरी होता है वहाँ
जहाँ दरवाज़ा
आपकी ऊँचाई को देख रहा हो
सिर उठाकर

झुक आती हैं डालियाँ
फलों के मौसम में
चलती हैं नदियाँ झुक-झुक कर
झुकना पड़ता है
बच्चों से हाथ मिलाने ख़ातिर

गिरी चीज़ों को उठाने में
बग़ैर झुके काम नहीं बनता
झुकने पर और सुन्दर दिखती है धरती
बहुत कुछ दिख जाता है अन्दर तक

बग़ैर झुके
नहीं उठाया जा सकता बोझ
सजाया नहीं जा सकता खलिहान
पहाड़ों को नापा नहीं जा सकता पैरों से

कहावत है हमारे यहाँ
जो झुकता नहीं वह टूट जाता है

छूट जाता है पीछे जैसे शताब्दियाँ
झुको पर उतना ही
कि चढ़ाई जा सके प्रत्यंचा
छोड़े जा सकें तीर
कि आगे बाक़ी रहे
झुकने की गुंजाइश

झुकने की पहली शर्त ही है
सीधे खड़ा होना
देखना चौकस निगाहों से
पड़ी हुई चीज़ों से
भला कौन कहता है झुकने को।

अभिनय

एक कार्यक्रम के सिलसिले में
बुलाए गये थे वे
तरह-तरह के जीवों
और घटनाओं की आवाज़ निकाल रहे थे हू-ब-हू
पचास कोस के दायरे में
उनके हुनर से वाकिफ़ था हर घर
दूर-दूर से आते थे लोग सुनने
नकल की आवाज़ जुटा लेती थी
अच्छी-ख़ासी भीड़

बिना किसी परिचय के
वे शुरू हो जाते
बोलियों की दुनिया में धाराप्रवाह
उनकी सभा में लोग
आदमी की बोली छोड़
और सभी बोलियों की फरमाइश करते थे
बिना किसी क्रम के
एक क्रम होता था
उनकी प्रस्तुति में
सुबह का अद्भुत रंग होता था

वे जुटा लेते थे भीड़
या भीड़ उन्हें जुटा देती थी

शुरू हो जाने के लिए
अब तक वे नहीं जान पाये थे
पर इतना ज़रूर पता था
कि वे मनोरंजन के साधन हैं
भीड़ की बदौलत ही
अख़बारों के बिकते समाचार हैं

वे कुत्तों की तरह भौंकते थे
म्याऊँ-म्याऊँ करते थे बिल्लियों जैसे
तोता-मैना की बोली उतारते
तो कभी सिंह की तरह दहाड़ते थे
लोग तालियाँ पीटते बेसुध होकर
हँसते थे ठठाकर उनके कारनामों पर

पटरी से उतर चुकी
भाप की रेलगाड़ी की आवाज़ निकाल कर
याद दिलाते थे लोगों को अतीत की
चरमराते हुए दरवाज़े की आवाज़ के बीच
मंच पर अविकल खड़े
वे होते थे एक तमाशा
आँधी-तूफ़ान और बादलों की
गरज-तड़प के साथ
उमस में बारिश की ताज़गी का अहसास कराते
तब पूरी देह तक भीग जाते थे लोग

जब वे थककर कोई आह भरते
लोग उससे किसी जीव या घटना की आवाज़ का
तालमेल बिठाते
जब वे अपनी ख़ुशी में कभी झूमते
लोग उनमें किसी पेड़ की बाट जोहते
जब वे कोई गीत गुनगुनाते

लोग कोयल की बात करते
अनुमति चाहते जब वे
लोग और कारनामे
दिखाने की माँग करते

एक बातचीत में उन्होंने बताया
उनकी आवाज़
नहीं सुनना चाहता कोई
सुनाने के लिए होनी चाहिए
आवाज़ भी नकली
आज हालत यह है कि
असली आवाज़ वाले टापते हैं
नकली आवाज़ वाले
भीड़ जुटाते हैं

समय के साथ वे भूल गये हैं
अपनी आवाज़
अब वे
भौं-भौं करते हैं अजनबी को देखकर
म्याऊँ-म्याऊँ करते हैं डरने पर
शोर मचाने की इच्छा होने पर
करते हैं हुँआ-हुँआ

खीझने पर फुफकारते हैं
लगाते हैं बांग
किसी को सुबह के समय
जगाने के लिए

अपने-अपने तरीके से
अपनी-अपनी सुविधा के मुताबिक़
उनकी नकल के

अर्थ लगाते हैं लोग
हालत यह है कि
उनके दर्द से कुम्हलाये चेहरे में
लोग नकल देखते हैं
फूल के मुरझाने की
और बेसुध होकर पीटते हैं तालियाँ
करते हैं हौसलाअफ़जाई।

शब्द घूम आते हैं

तोड़ी जा सकती है
लम्बे अरसे तक चलने वाली दोस्ती
हाथ झटक कर
किसी भी बात पर

बातें ख़तरनाक होती हैं कुछ
कतर देती हैं पंख
फुदकने के लिए बस
बच जाता है जीवन

रिश्ते अब ढोए जाते हैं
जब जहाँ मन
आँख मूँदकर पटक दिये जाते हैं
बेरहमी से

ज़िन्दगी का अनुबन्ध
सन्नाटे में
आँखों से आँखों में
जिसके आगे कई पर्दों में छुपा होता है
नीला आसमान

जैसे शब्द घूम आते हैं
बिना बताये

सरहद लाँघकर
जोड़ लेते हैं लोगों से रिश्ते
किताबें पड़ी रहती हैं
अलमारियों में।

गाँव की औरतें

गाँव की औरतें
जगती हैं भिनसहरे
सूरज के अँगड़ाई लेने से कुछ पहले
इस तरह उनका दिन उग आता है
औरों की बजाय
कुछ पहले ही

गाँव की औरतों के पास
घड़ी नहीं होती
जिनकी सुइयाँ वक़्त को छोड़ती जाती हैं पीछे
हर पल
उन्हें सितारों पर भी विश्वास नहीं
जो टूटते रहे हैं या फिर
बादलों की चादर ओढ़कर
आराम फ़रमाते हैं
वे मुर्गे की बांग से लगाती हैं अन्दाज़
खेत चलने का वक़्त हो गया है
जहाँ चुप रहते हैं मुर्गे
वहाँ बछड़े बताते हैं समय

जब बच्चे नोचते-खसोटते हैं
औरतें जान जाती हैं उनकी ज़रूरतें
सौंप देती हैं वे अपनी छाती
गाँव की औरतें जानती हैं

माँ का दूध
आदमी को याद दिलाता है उसका पुरुषत्व
उसका अस्तित्व
कि सवेरा होने वाला है
बहुत क़रीब से अन्दाज़ा लगाती हैं
गाँव की औरतें
इसलिए उजाले से सतर्क रहती हैं
वे रात से बेइन्तहा प्यार करती हैं
और दे देती हैं उसे अपनी मिठास

शोले भड़काने से पहले
सूरज को पिलाती हैं पानी
घर को देती हैं जीवन
धुएँ की तरह चुपके-चुपके मिल जाती हैं
आसमान से
गाँव की औरतें जानती हैं
ठीक-ठीक अपना पता

हरदम तैयार रहती हैं
कोई भिखारी फेरा माँग ले उससे पहले
ठंडे रहकर आँच देती हैं चूल्हे को
गाँव की औरतें
बिना दिन का नाम भूले
जानती हैं कैलेंडर
अन्दाज़ती हैं तारीख़ में
बच्चे की उम्र
ठीक-ठीक

वायदे के मुताबिक़
हर भिनसहरे से
चुपचाप मिलती हैं
गाँव की औरतें।

भोर का सपना

सारोवीवा[1]
दस नवम्बर की रात्रि रो रही है
अपने भाग्य पर
कलप-कलप कर
कि तुम्हारी मौत का कलंक
मढ़ा गया क्यों
उसके सिर पर

सैनिकों की गोलियों
और तलवारों से
कलम की धार
नहीं हुई है कभी भी कुन्द
अन्याय के प्रतिकार में
बोल रही है अभी भी
तुम्हारे ख़ून की हरेक बूँद

क़ानूनी हत्या की जा सकती है तुम्हारी
क्योंकि अपने देश के
भविष्य के लिए
मरने का दम-ख़म है तुममें

---

1. केन सारोवीवा : एक नाइजीरियाई साहित्यकार जिन्हें 10 नवम्बर 1995 को वहाँ की सैनिक सरकार ने ग़लत आरोप लगाकर जबरदस्ती फाँसी की सज़ा दे दी।

जी रहे हो
आज भी तुम
अपनी कल्पनाओं में
अपने विचारों में

विचारों के पंख होते हैं
मौत को चकमा दे
जो पहुँच जाते हैं
आम विचारों में
अपवित्र हाथों में कूबत नहीं
तुम्हें मिटा पाने की
ज़िन्दा हो तुम सारोवीवा
आम लोगों की यादों में
नाइजीरिया के दिल में
अपनी कल्पनाओं में
इतिहास के पृष्ठों में
नहीं की जा सकती जिसकी हत्या
जी रहे हो अभी भी तुम
इन घटनाओं में

मुक्त होगी तुम्हारी धरती
पागलपन के कहर से
ले सकेंगे लोग
खुली हवा
साफ़ पानी
बातें कर अपने शहर से
तेल के ज़हर से
हो गया है नीला तुम्हारा गला
मौजूद है आज भी तुम्हारी देह
चलते-फिरते लोगों में
सामान्य नहीं है

फाँसी के फन्दे की लाचारगी
समय का कुछ देर ठहर जाना
मौत को बताना
कि तुझसे बड़ा हूँ मैं

तुम्हारी ग़ैरमौजूदगी
ख़ामोश नहीं कर पायी है हमें
संघर्ष के रास्ते ने
बहुत कुछ सिखलाया है हमें
कुछ को मारा जाता रहा है सच कहने पर
फिर भी जी रहे हैं वे लगातार
जीत की ग़फ़लत पाले
मौत के ठेकेदारों का
नामलेवा नहीं है कोई
नहीं जानते कि
अँधेरे की मौत के लिए
काफ़ी होता है दीये का उजाला ही
सपने देखते हुए मरना बेहतर होता है
बनिस्बत ख़ाली मरने से
तुम्हारा भोर का सपना
सच होगा सारोवीवा
ज़रूर एक दिन।

माँ

ख़ुशगवार है मौसम
उसके पास माँ जो है
माँ के पास है
ढेर सारा काम

पिछले दिनों बात ही बात में
बताया था माँ ने
लगता है पहली ही
सीढ़ी नहीं चढ़ पायी वह
सीढ़ी खड़ी है
अभी भी सिर ताने

माँ के पास शेष हैं
सूनी आँखों के अँखुवाते सपने
छोड़ी हुई राह पिता की
उसके चार-चार बेरोज़गार बच्चे
जिन्हें सिखाती है रोज़
ज़िन्दगी का सबक़
एक छोटी बिटिया भी है
जिसकी मेंहदी सजाने की
फिकर है

बिसर-से गये अब वे दिन

जब शीशे के आगे बैठती थी माँ
गिनती थी अँगुलियों पर वह दिन
जब आने को होते थे पिता
हवा के झोंको की ख़ातिर
जँगलों को खुला
छोड़ देती थी माँ

माँ ने मन की बात बताते हुए कहा
अब एक बार फिर
जीना चाहती है वह
परिवार और घर-बार की साँस जैसे

इधर हमने नहीं सुना
माँ को कभी गुनगुनाते
नहीं देखा
काग़ज़ों पर चित्र बनाते
हल्की हँसी से टाल देती है माँ
हमारी इस तरह की
बचकानी बातों को

आधी रात में भी
किसी हल्की-सी आहट पर
झट उठ जाती है माँ
क्या हुआ किसको
बिन बता समझ जाती है माँ
आँखों में नींद की जगह
जीवन की अगली लड़ाई
लड़ने की लालिमा है
माँ के पास
माँ की साँसों से
जीवन पाती है हवा

कुछ भी नहीं रख पाती
वह अपने लिए
सबकी सलामती के लिए
रहती है वह निराहार
घर पर ही मनाती है
वह सारे तीरथ-त्योहार
खड़ी है जमकर
जैसे अभेद्य दीवार

माँ कहती है
उसे दिक़्क़त नहीं होती कोई
चिन्ताओं से रहती है दूर
कभी नहीं होती थककर चकनाचूर
पता नहीं कितनी बारीकी से
छुपा लेती है वह अपने सारे दुख
उसके आँचल तले
कितने सुरक्षित कितने ख़ुश
हैं हम सब

रीढ़ जैसे खड़ी है माँ
सारे घर में
ढोती हुई सबकी काया
सबकी माया
उसके होने पर
औंधे मुँह नहीं गिरता चाँद
दरवाज़े की ज़ुबान पर
नहीं लगता ताला
लौटकर ख़ाली हाथ
कोई नहीं लौटता
दीवार पर नहीं लगती नोनी
चूल्हा नहीं होता कभी फाँका

अँधेरे में जलाती है दीया
उसके होने पर
बेख़ौफ़ खड़ा है घर
उसके होने पर
कहीं कोई बात नहीं
कहीं कोई फिकर नहीं

बड़े ध्यान से ताकती है माँ
हम सबकी ओर
कहीं जाते समय थमाती है
पानी भरा गिलास
चिड़ियों के लिए छींटती है
खाने का विश्वास
मेहमानों के बीच बाँटती है
जीवन का उल्लास
समय के साथ भरता
जा रहा है
माँ का गुल्लक

न जाने कितने वसन्त
न जाने कितने पतझड़
गुज़रने के बाद भी
जैसी की तैसी है धरती
माँ के पास है पानी-सी ताज़गी
माँ के पास है ढेर सारा काम

सब कुछ सम्भव है
बस असम्भव है माँ की कोई प्रतिलिपि
जिसके पास माँ है
वह है दुनिया का सबसे ख़ुशगवार प्राणी।

पिछले मौसम में

ऐसा पहली दफ़ा हुआ था
मौसम धीरे से खिसक गया था
और आम का स्वाद नहीं जान पाया था

जैसे शहर में रहते हैं दोस्त अपने-अपने द्वीपों में
एक अरसे तक नहीं मिलने पर भी साबुत
पलक झपकाता दीया
काटता है साथ-साथ रात
दोस्तों की तरह बैठा है आम
दुकानों में दुकानदार के साथ
तराजू के पास

अब इन सूने पेड़ों का क्या करूँ मैं
इनसे क्या कहूँ
कैसे कहूँ मैं
जिनकी डालियों से पहले ही ग़ायब हैं आम
कहाँ चलाऊँ डंडे ढेले
ताबड़तोड़
कि टपक आएँ आम
कच्चे-पक्के
और चल दिया जाए कन्धे पर रखकर हाथ
गुठली के सहज स्वाद को चूसते हुए
परछाइयों से कैसे करूँ संवाद

ऐसा नहीं था कि
इस साल नहीं आये पेड़ों पर आम
आँधियों और ओलों ने मचा दी थी तबाही
परहेज़ करने को कहा गया हो किसी वजह से
अब मन भर गया हो बातों से
फिर भी नहीं खाए गये आम
पिछले मौसम में
सारे कामों के बाद

कोई ताज्जुब की बात नहीं थी
मेरे जैसे और कई नाम थे इस शहर में
बिल्कुल वही या बहुत कुछ मिलते-जुलते
कइयों ने नहीं बताये किसी संकोचवश
कि पूरा मौसम गुज़र गया कैसे
आम के बग़ैर

पता नहीं क्यों सूझा फ़ितूर
आम और आम के स्वाद का
बिल्कुल पास खड़ी दूरी
और दूर बैठी बात की
फिर भी यह ख़तरनाक है
कि मेरे जैसे तमाम लोगों ने
नहीं खाये आम
पिछले मौसम में।

□□□